काव्य रत्नाकर

काव्य रत्नाकर

सम्पादक

हिन्दी अध्ययन मण्डल

कन्नूर यूनिवर्सिटी, कन्नूर

वाणी प्रकाशन

वाणी प्रकाशन
4695, 21-ए, दरियागंज, नयी दिल्ली 110 002
फ़ोन : +91 11 23273167 फ़ैक्स : +91 11 23275710
शाखाएँ
अशोक राजपथ, पटना 800 004, बिहार
कॉफ़ी हाउस कैम्पस, महात्मा गांधी मार्ग, इलाहाबाद 211 001, उत्तर प्रदेश
महात्मा गांधी अन्तरराष्ट्रीय हिन्दी विश्वविद्यालय, वर्धा 442 001, महाराष्ट्र
सुल्तानिया रोड, मोतिया पार्क, भोपाल 462 001, मध्य प्रदेश
www.vaniprakashan.com
marketing@vaniprakashan.in
sales@vaniprakashan.in

Kavya Ratnakar
Edited by Hindi Adhyayan Mandal

ISBN : 978-93-5229-854-9

प्रथम संस्करण 2022

मूल्य : ₹ 95

आर. टेक ऑफ़सेट प्रिंटर्स, दिल्ली-110 032 में मुद्रित

वाणी प्रकाशन का लोगो मक़बूल फ़िदा हुसेन की कूची से

अनुक्रम

मैथिलीशरण गुप्त

द्विवेदी युग की श्रेष्ठतम विभूति राष्ट्रकवि मैथिलीशरण गुप्त का काव्य भारतीय संस्कृति एवं उसके गौरवपूर्ण इतिहास की अमर गाथा है। अपने देश के इतिहास, संस्कृति और भाषा के प्रति गुप्त जी के हृदय में अगाध श्रद्धा, प्रबल अनुराग और अनन्य प्रेम था। देश की राजनीतिक, सामाजिक और ऐतिहासिक स्थिति पर निरन्तर मन्थन-चिन्तन करने वाले गुप्त जी के साहित्य में अतीत, वर्तमान और भविष्य का जैसा सुन्दर संयोजन मिलता है, वह अभूतपूर्व है। सम्भवतः यही कारण है कि गुप्त जी की रचनाओं से ही हिन्दी में राष्ट्रीय, ऐतिहासिक, समसामयिक तथा सामाजिक कथाओं एवं चरित्र पर केन्द्रित कलात्मक, सरस, भावप्रवण, और मनोहारी रचनाओं का शुभारम्भ स्वीकार किया जाता है।

राष्ट्रकवि मैथिलीशरण गुप्त का जन्म झाँसी जिले के चिरगाँव नामक ग्राम में 3 अगस्त, सन् 1886 में हुआ था। उनके पिता का नाम श्री रामचरण सेठ था। वे साहित्य प्रेमी और कवि हृदय थे तथा 'कनकलता' नाम से कुछ छन्द रचनाएँ भी किया करते थे। रामचरण सेठ जी के पाँच पुत्र थे। उनमें से मैथिलीशरण गुप्त सबसे बड़े थे। उनके अनुज सियारामशरण गुप्त की भी साहित्य के क्षेत्र में गहरी रुचि थी। मैथिलीशरण गुप्त को हिन्दी जगत में 'दद्दा' नाम से लोकप्रिय बनाने का श्रेय भी सियारामशरण गुप्त जी को प्राप्त है। मैथिलीशरण गुप्त की प्रारम्भिक शिक्षा गाँव में हुई थी। परन्तु उन्होंने स्वाध्याय से हिन्दी, संस्कृत, मराठी, अंग्रेजी और बंगला पर अच्छा अधिकार प्राप्त कर लिया। गुप्त जी की उच्च शिक्षा पूर्ण न हो सकी

गुप्त जी मूलतः भावुक, सहृदय, आस्थावान, विनम्र, उदार और दूरदर्शी व्यक्ति थे। भारत के स्वतन्त्रता संघर्ष में उन्होंने बढ़-चढ़ कर सहभागिता की। गुप्त जी को सृजनात्मकता तो विरासत में मिली थी, परन्तु उसको विकसित करने की प्रेरणा आचार्य महावीरप्रसाद द्विवेदी से मिली। सन् 1906 से ही उनकी रचनाएँ प्रकाशित होने लगी थीं। आचार्य महावीरप्रसाद द्विवेदी ने उनकी प्रारम्भिक रचनाओं को 'सरस्वती' पत्रिका में प्रकाशित किया। सन् 1909 ई. प्रकाशित 'रंग में भंग'

उनका प्रथम काव्य संग्रह है। गुप्त जी ने अपनी सर्वोत्तम कृति 'साकेत' में आचार्य महावीरप्रसाद द्विवेदी के प्रति अपनी कृतज्ञता ज्ञापित करते हुए लिखा है–

करते तुलसीदास भी कैसे मानस नाद
महावीर का यदि उन्हें मिलता नहीं प्रसाद।

हिन्दी साहित्य के अनन्य सेवक श्री मैथिलीशरण गुप्त सन् 1964 में साकेतधाम वासी हो गये।

प्रतिभाशाली व्यक्तित्व के धनी मैथिलीशरण गुप्त जी ने लगभग पचास साहित्यिक-ग्रन्थों का प्रणयन किया। 'साहित्य सदन' नामक उनके निजी प्रकाशन से मैथिलीशरण गुप्त तथा सियारामशरण गुप्त का समस्त साहित्य प्रकाशित हुआ।

मैथिलीशरण गुप्त का रचना संसार

काव्य–रंग में भंग (1909), जयद्रथ-वध (1910), भारत-भारती (1912), किसान (1916), वैतालिक (1916), पत्रावली (1916), शकुन्तला (1916-1923), लीला (1919), पंचवटी (1925), आर्य (1925), स्वदेश संगीत (1925), हिन्दू (1927), त्रिपथगा (1927), शक्ति (1927), विकटभट (1928), गुरुकुल (1929), झंकार (1928), साकेत (1931), यशोधरा (1932), उच्छ्वास (1935-1960), सिद्धराज (1936), मंगलघट (1937), नहुष (1940), कुणाल गीत (1942), अर्जुन और विसर्जन (1942), विश्व-वेदना (1942), काबा और कर्बला (1942), अजित (1946), प्रदक्षिणा (1950), पृथ्वी-पुत्र (1950), हिडिम्बा (1950), अंजलि और अर्घ्य (1950), जयभारत (1952), भूमि-प्रजा (1956), राजा-प्रजा (1956), विष्णुप्रिया (1957), रत्नावली (1960), स्वास्ति और संकेत (1983)।

गीतिनाट्य : तिलोत्तमा (1915), चन्द्रहास (1916), अनघ।

पद्यानुवाद : प्रतिमा (1914), अविमारक (1914), अभिषेक (1914), दूत घटोत्कच (1914), स्वप्न वासवदत्ता (1914), विरहिणी ब्रजांगना (1914), मेघनाद वध (1927), वीरांगना (1927), प्लासी का युद्ध (1920), वृत्र-संहार (1962), रुबाइयत उमरख़ैय्याम (1929)।

संस्मरणात्मक गद्य : मुंशी अजमेरी (1973), श्रद्धांजलि संस्मरण (1979)।

अपने जीवनकाल में गुप्त जी को अनेक सम्मान एवं पुरस्कार प्राप्त हुए। सन् 1936 में 'साकेत' महाकाव्य पर इन्हें 'मंगलाप्रसाद पारितोषिक' प्राप्त हुआ। सरकार द्वारा इन्हें 'पद्म विभूषण' की उपाधि भी प्रदान की गयी। गुप्त जी की कविताओं में राष्ट्रीय चेतना एवं भारतीय संस्कृति के सशक्त स्वर को देखते हुए महात्मा गाँधी ने इन्हें 'राष्ट्रकवि' की उपाधि प्रदान की। दीर्घ अवधि तक गुप्त जी भारतीय संसद के सम्मानित सदस्य भी रहे।

सखि वे मुझसे कहकर जाते

•

मैथिलीशरण गुप्त

सिद्धि-हेतु स्वामी गये, यह गौरव की बात,
पर चोरी-चोरी गये, यही बड़ा व्याघात

सखि, वे मुझसे कहकर जाते,
कह, तो क्या मुझको वे अपनी पथ-बाधा ही पाते?

मुझको बहुत उन्होंने माना
फिर भी क्या पूरा पहचाना?
मैंने मुख्य उसी को जाना
जो वे मन में लाते।
सखि, वे मुझसे कहकर जाते।

स्वयं सुसज्जित करके क्षण में,
प्रियतम को, प्राणों के पण में,
हमीं भेज देती हैं रण में—
क्षात्र-धर्म के नाते।
सखि, वे मुझसे कहकर जाते।

हुआ न यह भी भाग्य अभागा,
किस पर विफल गर्व अब जागा?

जिसने अपनाया था, त्यागा;
रहे स्मरण ही आते!
सखि, वे मुझसे कहकर जाते।
नयन उन्हें हैं निष्ठुर कहते,
पर इनसे जो आँसू बहते,
सदय हृदय वे कैसे सहते?
गये तरस ही खाते !
सखि, वे मुझसे कहकर जाते।

जायें, सिद्धि पावें वे सुख से,
दुखी न हों इस जन के दुख से,
उपालम्भ दूँ मैं किस मुख से?
आज अधिक वे भाते!
सखि, वे मुझसे कहकर जाते।

गये, लौट भी वे आवेंगे,
कुछ अपूर्व-अनुपम लावेंगे,
रोते प्राण उन्हें पावेंगे,
पर क्या गाते-गाते?
सखि, वे मुझसे कहकर जाते।

सूर्यकान्त त्रिपाठी 'निराला'

ओजस्विता, दार्शनिक गम्भीरता तथा राष्ट्रीय भावनाओं के उदात्त स्वर उठाकर हिन्दी कविता को नवीन आयाम पर ला खड़ा करने का श्रेय सूर्यकान्त त्रिपाठी 'निराला' जी को ही है। उनके बहुमुखी व्यक्तित्व तथा प्रतिभा ने साहित्य के जिस अंग को भी स्पर्श किया उसे चरमोन्नति तक पहुँचा दिया। भावुकता तथा पौरुष के अद्‌भुत समन्वय वाले 'निराला' जी का व्यक्तित्व अन्य छायावादियों की तुलना में सर्वाधिक गरिमामय था। जीवन की विपरीत परिस्थितियों से निरन्तर जूझने वाले 'निराला' ने स्वयं आत्म-परिचय देते हुए लिखा है—"मेरे पास एक कवि की वाणी, कलाकार के हाथ, पहलवान की छाती और दार्शनिक के पैर हैं।" महाप्राण निराला जी का जन्म सन् 1898 ई. की वसन्त-पंचमी के दिन हुआ। बंगाल के महिषादल राज्य के कर्मचारी अपने पिता पं. रामसहाय जी के अत्यन्त कठोर और क्रूर अनुशासन में रहकर उन्होंने राज्य की ओर से व्यवस्थित बांग्ला, संस्कृत एवं अंग्रेजी भाषाओं के अतिरिक्त बांग्ला संगीत की शिक्षा प्राप्त की।

अपने समकालीन अन्य सभी छायावादी कवियों की तरह प्रकृति के उपादानों को प्रतीक रूप में देखने की छायावादी प्रवृति निराला जी में भी थी। अपनी एक कविता में वे बादल से 'झूम-झूम मृदु गरज-गरज घनघोर राग अमर अम्बर में भर निज रोर' की प्रार्थना करते हैं तो दूसरी कविता में बादल को विप्लव का प्रतीक मानते हुए उससे कृषक अधीर का कष्ट दूर करने का अनुरोध करते हैं। उनकी स्वदेश-प्रेम सम्बन्धी चेतना का स्वरूप सांस्कृतिक है। अपने प्रसिद्ध गीत 'भारति जय विजय करे' में प्रकृति सौन्दर्य पर आधारित भारतमाता का एक सर्वांगीण चित्र वे प्रस्तुत करते हैं। देश के प्राचीन सांस्कृतिक गौरव का निरन्तर ध्यान करने वाले निराला का हृदय वर्तमान भारत की आर्थिक विपन्नता से दुखित हुआ और उन्होंने अपने एक गीत में यह कामना व्यक्त भी की कि भारत की ऐश्वर्य देवी जागे और उसकी दृष्टि भारत के भीतर के व्यवसाय में ही नहीं, बल्कि बाहर भी जाये, समस्त संसार में फैले।

काव्य-संकलन—परिमल, बेला, नये पत्ते, अनामिका, अणिमा, गीतिका, अपरा, तुलसीदास, अर्चना, आराधना, गीतगुंज।

कहानी-संकलन—लिली, सुकुल की बीवी, चतुरी चमार और सखी।

उपन्यास—अलका, अप्सरा, चमेली, चोटी की पकड़, निरुपमा, प्रभावती, उच्छृंखल।

रेखाचित्र—कुल्ली भाट, बिल्लेसुर बकरिहा।

निबन्ध—प्रबन्ध-पद्य, प्रबन्ध-प्रतिमा, प्रबन्ध-परिचय, रवीन्द्र-कानन कुसुम।

सन्ध्या सुन्दरी

•

सूर्यकान्त त्रिपाठी 'निराला'

दिवसावसान का समय,
मेघमय आसमान से उतर रही है
वह सन्ध्या-सुन्दरी, परी-सी,
धीरे-धीरे धीरे।
तिमिरांचल में चंचलता का नहीं कहीं आभास,
मधुर-मधुर हैं दोनों उसके अधर—
किन्तु जरा गम्भीर—नहीं है उसमें हास-विलास।
हँसता है तो केवल तारा एक
गुँथा हुआ उन घुँघराले काले-काले बालों से,
हृदय राज्य की रानी का वह करता है अभिषेक।
अलसता की-सी लता
किन्तु कोमलता की वह कली
सखी-नीरवता के कन्धे पर डाले बाँह,
छाँह-सी अम्बर-पथ से चली।
नहीं बजती उसके हाथ में कोई वीणा,
नहीं होता कोई अनुराग-राग आलाप,
नूपुरों में भी रुनझुन-रुनझुन नहीं,
सिर्फ एक अव्यक्त शब्द-सा 'चुप, चुप, चुप'
        है गूँज रहा सब कहीं—
व्योम-मण्डल में, जग-तीतल में—

सोती शान्त सरोवर पर उस अमल-कमलिनी-दल में—
सौन्दर्य-गर्विता सरिता के अति विस्तृत वक्षस्थल में—
धीर-वीर गम्भीर शिखर पर हिमगिरि-अटल-अचल में—
उत्ताल-तरंगाघात-प्रलय घन-गर्जन-जलधि प्रबल में—
क्षिति में—जल में—नभ में—अनिल-अनल में—
सिर्फ एक अव्यक्त शब्द-सा 'चुप-चुप-चुप'
        है गूँज रहा सब कहीं—
और क्या है? कुछ नहीं।
मदिरा की वह नदी बहाती आती,
थके हुए जीवों को वह सस्नेह,
        प्याला एक पिलाती।
सुलाती उन्हें अंक पर अपने,
दिखलाती फिर विस्मृति के वह अगणित मीठे सपने;
अर्द्धरात्रि की निश्चलता में हो जाती जब लीन,
कवि का बढ़ जाता अनुराग,
विरहाकुल कमनीय कण्ठ से,
आप निकल पड़ता तब एक विहाग!

सुमित्रानन्दन पन्त

प्रकृति पुत्र सुमित्रानन्दन पन्त का जन्म 20 मई सन् 1900 को उत्तर प्रदेश के अल्मोड़ा जिला के कौसानी ग्राम में हुआ था। सुमित्रानन्दन पन्त के पिता का नाम पण्डित गंगादत्त और माता का नाम सरस्वती था। पन्त के जन्म के कुछ समय बाद ही इनकी माता जी का देहावसान हो गया। गंगादत्त जी के इस पुत्र का नाम रखा गया—गुसाईदत्त। मातृहीन गुसाईदत्त का पालन-पोषण उनकी बुआ ने किया। गुसाईदत्त स्वभाव से अन्तर्मुखी प्रकृति के थे। चौथी कक्षा तक कौसानी में पढ़ने के पश्चात् उन्होंने अल्मोड़ा के गवर्नमेंट स्कूल में दाखिला लिया। यहीं पर बालक गुसाईदत्त ने अपना नाम बदलकर सुमधुर और कर्णप्रिय नाम सुमित्रानन्दन रख लिया। वाराणसी से हाईस्कूल की परीक्षा सन् 1916 में उत्तीर्ण करने के पश्चात् सन् 1919 में प्रयाग के म्योर सेंट्रल कॉलेज में प्रवेश ले लिया। सन् 1921 में गाँधी जी के असहयोग आन्दोलन में सहभागिता के कारण इनकी आगे की पढ़ाई नहीं हो पायी।

शरीर से सुकोमल और मन के बलिष्ठ कवि पन्त का जीवन अनेक प्रकार के उतार-चढ़ावों से युक्त रहा। पन्त की सबसे बड़ी विशेषता यह है कि जीवन भर संघर्षरत रहने के बावजूद इनकी कविता में कहीं भी जीवन के प्रति नैराश्य का भाव नहीं दिखाई देता। कोई नौकरी न होने के कारण इन्हें आर्थिक संकट के दौर से भी गुजरना पड़ा तथा इनके परिवार का भी अपेक्षित सहयोग इन्हें नहीं मिला। इस दौरान, वे कुँवर सुरेश सिह, नरेन्द्र शर्मा, हरिवंश राय बच्चन, उदयशंकर जी एवं कृष्णानन्द पाण्डेय के साथ रहे। आर्थिक संकटों से जूझते पन्त ने 'रूपाभ' पत्रिका का सम्पादन किया और 'लोकायतन' नामक संस्था बनायी। कुछ ही समय बाद 'रूपाभ' का प्रकाशन बन्द हो गया। लोकायतन संस्था भी कागजों पर ही सिमटकर रह गयी।

सन् 1950 में पन्त जी आकाशवाणी से जुड़े और सन् 1958 तक वहाँ कार्यरत रहे। इस समयावधि में इनकी अनेक रचनाएँ आयीं। अनेक समकालीन रचनाकारों ने इन्हें अपनी रचनाएँ भी समर्पित कीं। सन् 1961 में इन्हें पद्मभूषण का सम्मान मिला तथा सन् 1961 में ही 'कला और बूढ़ा चाँद' पर इन्हें साहित्य अकादमी का 5000/- का पुरस्कार प्राप्त हुआ। प्रकृति के एक-एक रूप—स्वरूप से आत्यन्तिक रूप से जुड़ा यह रचनाकार 28 दिसम्बर सन् 1977 को प्रकृति की गोद को सूना कर देवलोक को प्रयाण कर गया।

सुमित्रानन्दन पन्त का रचना संसार

काव्य-संग्रह : वीणा (1918), ग्रन्थि (1919), उच्छवास (1919), पल्लव (1918-25), गुंजन (1925-32), युगान्त (1934-36), ग्राम्या (1939-40), स्वर्णकिरण (1947), स्वर्णधूलि (1947), युगपथ (1949), उत्तरा (1949), वाणी (1958), कला और बूढ़ा चाँद (1959), लोकायतन (1964), किरण (1967), पौ फटने से पहले (1967), पतझर : एक भावक्रान्ति (1969), गीतहँस (1969), शशि की तरी (1973)।

गीति-नाट्य : ज्योत्सना (1932), रजत-शिखर (1952), शिल्पी (1952), अणिमा (1955), सौवर्ण (1956)।

उपन्यास : हार (1916-17)।

कहानी संग्रह : पाँच कहानियाँ (1935)।

निबन्ध संग्रह : राघ पथ (1949), शिल्प और दर्शन (1961), छायावाद : पुनर्मूल्यांकन (1965), कला और संस्कृति (1965), साठ वर्ष और अन्य निबन्ध (1973)।

आत्मकथा : साठ वर्ष : एक रेखांकन (1960)।

रूपान्तर : मधुज्वाल (उमर ख़य्याम की रुबाइयों का रूपान्तर) (1947)

चयनित कविताओं का संग्रह : पल्लविनी (1940), आधुनिक कवि (1941), सत्यकाम (1957), चिदम्बरा (1958), रश्मिबन्ध (1958), शंखध्वनि (1971), समाधिता (1973), आस्था (1973), गीत-अगीत (1976), संक्रान्ति (1977)।

मोह

•

सुमित्रानन्दन पन्त

छोड़ द्रुमों की मृदु-छाया,
तोड़ प्रकृति से भी माया,
        बाले! तेरे बाल-जाल में कैसे उलझा दूँ लोचन?
                भूल अभी से इस जग को!
तज कर तरल-तरंगों को,
इन्द्रधनुष के रंगों को,
        तेरे भ्रू-भंगों से कैसे बिंधवा दूँ निज मृग-सा मन?
                भूल अभी से इस जग को!
कोयल का वह कोमल-बोल,
मधुकर की वीणा अनमोल,
        कह, तब तेरे ही प्रिय-स्वर से कैसे भर लूँ सजनि!
        श्रवन?
                भूल अभी से इस जग को!
उषा-सस्मित किसलय-दल,
सुधारश्मि से उतरा जल,
        ना, अधरामृत ही के मद में कैसे बहला दूँ जीवन?
                भूल अभी से इस जग को!

महादेवी वर्मा

महादेवी वर्मा (26 मार्च 1907-12 सितम्बर 1987) हिन्दी कविता के छायावादी युग के चार प्रमुख स्तम्भों में से एक मानी जाती हैं। 1919 में इलाहाबाद में क्रास्थवेट कॉलेज से शिक्षा का प्रारम्भ करते हुए उन्होंने 1932 में इलाहाबाद विश्वविद्यालय से संस्कृत में एम.ए. की उपाधि प्राप्त की। तब तक उनके दो काव्य संकलन 'नीहार' और 'रश्मि' प्रकाशित होकर चर्चा में आ चुके थे।

अपने प्रयत्नों से उन्होंने इलाहाबाद में प्रयाग महिला विद्यापीठ की स्थापना की। इसकी वे प्रधानाचार्य एवं कुलपति भी रहीं। 1932 में उन्होंने महिलाओं की प्रमुख पत्रिका 'चाँद' का कार्यभार सँभाला। 1934 में 'नीरजा' तथा 1936 में 'सांध्यगीत' नामक संग्रह प्रकाशित हुए। 1939 में इन चारों काव्य संग्रहों को उनकी कलाकृतियों के साथ वृहदाकार में 'यामा' शीर्षक से प्रकाशित किया गया। उन्होंने गद्य, काव्य, शिक्षा और चित्रकला सभी क्षेत्रों में नये आयाम स्थापित किये।

इसके अतिरिक्त उनके 18 काव्य और गद्य कृतियाँ हैं जिनमें 'मेरा परिवार', 'स्मृति की रेखाएँ', 'पथ के साथी', 'शृंखला की कड़ियाँ' और 'अतीत के चलचित्र' प्रमुख हैं।

सन् 1955 में महादेवी जी ने इलाहाबाद में 'साहित्यकार संसद' की स्थापना की और पं. इलाचन्द्र जोशी के सहयोग से 'साहित्यकार' का सम्पादन सँभाला। यह इस संस्था का मुखपत्र था।

स्वाधीनता प्राप्ति के बाद 1952 में वे उत्तर प्रदेश विधान परिषद् की सदस्या मनोनीत की गयीं। 1956 में भारत सरकार ने उनकी साहित्यिक सेवा के लिए 'पद्मभूषण' की उपाधि और 1969 में विक्रम विश्वविद्यालय ने उन्हें डी.लिट्. की उपाधि से अलंकृत किया। इससे पूर्व महादेवी वर्मा को 'नीरजा' के लिए 1934 में 'सेकसरिया पुरस्कार', 1942 में 'स्मृति की रेखाओं' के लिए 'द्विवेदी पदक' प्राप्त हुए। 1943 में उन्हें 'मंगला प्रसाद पारितोषिक पुरस्कार' एवं उत्तर प्रदेश सरकार के 'भारत भारती' पुरस्कार से सम्मानित किया गया। 'यामा' नामक काव्य संकलन के लिए उन्हें भारत का सर्वोच्च साहित्यिक सम्मान 'ज्ञानपीठ पुरस्कार' प्राप्त हुआ।

उन्हें आधुनिक साहित्य की मीरा के नाम से जाना जाता है।

धीरे-धीरे उतर क्षितिज से

•

महादेवी वर्मा

धीरे धीरे उतर क्षितिज से
आ वसन्त-रजनी!

तारकमय नव वेणीबन्धन
शीश-फूल कर शशि का नूतन,
रश्मि-वलय सित घन-अवगुण्ठन,

मुक्ताहल अभिराम बिछा दे
चितवन से अपनी!
पुलकती आ वसन्त-रजनी!

मर्मर की सुमधुर नूपुर-ध्वनि,
अलि-गुंजित पद्मों की किंकिणि,
भर पद-गति में अलस तरंगिणि,

तरल रजत की धार बहा दे
मृदु स्मित से सजनी!
विहँसती आ वसन्त-रजनी!

पुलकित स्वप्नों की रोमावलि,
कर में ही स्मृतियों की अंजलि,
मलयानिल का चल दुकूल अलि!

चिर छाया-सी श्याम, विश्व को
आ अभिसार बनी!
सकुचती आ वसन्त-रजनी!

सिहर-सिहर उठता सरिता-उर,
खुल-खुल पड़ते सुमन सुधा-भर,
मचल मचल आते पल फिर-फिर,
सुन प्रिय की पदचाप हो गयी
पुलकित यह अवनी!

सिहरती आ वसन्त-रजनी!

नागार्जुन

हिन्दी तथा मैथिली में समान रूप से लिखने वाले कवि तथा उपन्यासकार नागार्जुन का जन्म दरभंगा (बिहार) जिले के तरौनी ग्राम में सन् 1911 ई. में हुआ था। इनका वास्तविक नाम वैद्यनाथ मिश्र था, हिन्दी में लेखन 'नागार्जुन' के नाम से तथा मैथिली में 'यात्री' नाम से किया। बाबा नाम से आदरपूर्वक बुलाये जाने वाले नागार्जुन ने काशी संस्कृत विद्यालय से व्याकरण मध्यमा परीक्षा उत्तीर्ण की। सिंहलद्वीप जाकर बौद्ध धर्म में दीक्षित हुए। स्वाध्याय से ही आपने हिन्दी, संस्कृत, अंग्रेजी, मैथिली, पालि, अर्द्धमागधी, अपभ्रंश, तिब्बती, मराठी, गुजराती, बंगाली, पंजाबी, सिन्धी, सिंहली भाषाओं का ज्ञान प्राप्त किया। नागार्जुन ने अनेक भाषाओं में साहित्य रचना भी की है।

नागार्जुन जनवादी कवि तथा गद्य-लेखक थे। मार्क्सवादी दर्शन से प्रभावित थे तथा करुणा, मैत्री, मानवतावादी सोच इनकी रचनाओं में मिलती है। राजनीतिक दृष्टि से जागरूक रचनाकार थे। समाज में व्याप्त शोषण तथा अन्याय उन्हें व्यथित करता था। उनकी निष्ठा समाजवाद तथा जनतन्त्र में थी। देशभक्ति का भाव प्रत्यक्ष तथा परोक्ष रूप में रचनाओं में उपस्थित रहता है। आप घुमक्कड़ वृत्ति के थे। आपने सन् 1934 में ही घर छोड़ दिया था। उसके बाद घर के प्रति बहुत लगाव नहीं रहा। इनका बहुआयामी व्यक्तित्व इनके साहित्य में भी झलकता है।

इनकी कविताओं में संस्कृत की ललित शब्दावली का प्रयोग है। प्रकृति-वर्णन में इनकी भाषा सरल तथा स्वाभाविक है। व्यंग्यात्मक शब्दों का भी प्रयोग है। आधुनिक हिन्दी कविता में शिष्ट-गम्भीर-हास्य तथा सूक्ष्म-चुटीले-व्यंग्य की दृष्टि से नागार्जुन की कविताएँ अपनी विशिष्ट पहचान रखती हैं। सामान्यतः लोकोन्मुखी भाषा का प्रयोग किया है।

नागार्जुन ने अनुवाद भी किया। बाल-साहित्य की रचना की। उनके मैथिली काव्य-संग्रह 'पत्रहीन नग्न गाछ' को 1969 ई. में साहित्य अकादेमी की ओर

से पुरस्कार प्राप्त हुआ। हिन्दी संस्थान, लखनऊ द्वारा 1983 ई. में 'विशिष्ट साहित्यकार' के रूप में सम्मानित किया गया।

आपकी प्रसिद्ध कृतियाँ हैं—भस्मांकुर, युगधारा, सतरंगे पंखों वाली, बलचनमा, बाबा बटेसरनाथ आदि।

नागार्जुन का निधन सन् 1998 ई. में हुआ।

खुरदरे पैर

•

नागार्जुन

खूब गये
दूधिया निगाहों मे
फटी बिवाइयों वाले खुरदरे पैर

धँस गये
कुसुम-कोमल मन मे
गुट्ठल घट्ठोंवाले कुलिश-कठोर पैर

दे रहे थे गति
रबड़-विहीन ठूँठ पैडलों को
चला रहे थे
एक नहीं, दो नहीं, तीन-तीन चक्र
कर रहे थे मात त्रिविक्रम वामन के पुराने पैरों को
नाप रहे थे धरती का अनहद फासला
घण्टों के हिसाब से ढोये जा रहे थे।

देर तक टकराये
उस दिन इस आँखों से वे पैर
भूल नहीं पाऊँगा फटी बिवाइयाँ
खूब गयी दूधिया निगाहों में
धँस गयी कुसुम-कोमल मन में

त्रिलोचन

कवि त्रिलोचन को हिन्दी साहित्य की प्रगतिशील काव्यधारा का प्रमुख हस्ताक्षर माना जाता है। वे आधुनिक हिन्दी कविता की प्रगतिशील त्रयी के तीन स्तम्भों में से एक थे। इस त्रयी के अन्य दो स्तम्भ नागार्जुन व शमशेर बहादुर सिंह थे।

उत्तर प्रदेश के सुल्तानपुर जिले के कठघरा चिरानी पट्टी में जगरदेव सिंह के घर 20 अगस्त 1917 को जन्मे त्रिलोचन शास्त्री का मूल नाम वासुदेव सिंह था। उन्होंने काशी हिन्दू विश्वविद्यालय से एम.ए. अंग्रेजी की एवं लाहौर से संस्कृत में शास्त्री की डिग्री प्राप्त की थी।

उत्तर प्रदेश के छोटे से गाँव से बनारस विश्वविद्यालय तक अपने सफर में उन्होंने दर्जनों पुस्तकें लिखीं और हिन्दी साहित्य को समृद्ध किया। शास्त्री बाजारवाद के धुर विरोधी थे। हालाँकि उन्होंने हिन्दी में प्रयोगधर्मिता का समर्थन किया। उनका कहना था, भाषा में जितने प्रयोग होंगे वह उतनी ही समृद्ध होगी। शास्त्री ने हमेशा ही नवसृजन को बढ़ावा दिया। वह नये लेखकों के लिए उत्प्रेरक थे। जीवन के अन्तिम वर्ष उन्होंने अपने सुपुत्र अमित प्रकाश सिंह के परिवार के साथ हरिद्वार के पास ज्वालापुर में बिताये। अन्तिम वर्षों में भी काफी जीवन्त रहे। वार्धक्य ने शरीर पर भले ही असर डाला था पर उनकी स्मृति या रचनात्मकता मन्द नहीं पड़ी थी।

त्रिलोचन शास्त्री हिन्दी के अतिरिक्त अरबी और फारसी भाषाओं के निष्णात ज्ञाता माने जाते थे। पत्रकारिता के क्षेत्र में भी वे खासे सक्रिय रहे। उन्होंने 'प्रभाकर', 'वानर', 'हंस', 'आज', 'समाज' जैसी पत्र-पत्रिकाओं का सम्पादन किया।

त्रिलोचन शास्त्री 1995 से 2001 तक जन संस्कृति मंच के राष्ट्रीय अध्यक्ष भी रहे। इसके अलावा वाराणसी के ज्ञानमंडल प्रकाशन संस्था में भी काम करते रहे और हिन्दी व उर्दू के कई शब्दकोशों की योजना से भी जुड़े रहे। इसके अतिरिक्त कहानी, गीत, गजल और आलोचना से भी उन्होंने हिन्दी साहित्य

को समृद्ध किया। उनका पहला कविता संग्रह 'धरती' 1945 में प्रकाशित हुआ था। 'गुलाब और बुलबुल', 'उस जनपद का कवि हूँ' और 'ताप के ताये हुए दिन' उनके चर्चित कविता संग्रह थे। 'दिगंत' और 'धरती' जैसी रचनाओं को कलमबद्ध करने वाले त्रिलोचन शास्त्री के 17 कविता संग्रह प्रकाशित हुए।

पुरस्कार व सम्मान : त्रिलोचन शास्त्री को 1989-90 में हिन्दी अकादमी ने शलाका सम्मान से सम्मानित किया था। हिन्दी साहित्य में उत्कृष्ट योगदान के लिए उन्हें 'शास्त्री' और 'साहित्य रत्न' जैसी उपाधियों से सम्मानित किया जा चुका है। 1982 में 'ताप के ताये हुए दिन' के लिए उन्हें साहित्य अकादमी का पुरस्कार भी मिला था।

9 दिसम्बर 2007 को गाजियाबाद में निधन।

रोटी

•

त्रिलोचन

एक हज़ार आठ स्वामी.....जी ने डकार ली,
हाथ पेट पर फेरा। बोले, "अधिक खा गया।
मर्यादा पुरुषोत्तम प्रभु का ध्यान आ गया,
भूल गया मैं। उन लोगों ने तो उतार ली

मर्यादा इस पुण्यभूमि की, जिन लोगों ने
कहा कि रोटी ही सबकुछ है। यदि यह रोटी
सब कुछ होती, मुनि त्रिकालदर्शी यह छोटी
बात कहीं कह जाते! आज नये ढोंगों ने

सबको बहकाया है। श्रद्धा रही अब कहाँ?....."
प्रणत हो गया भक्त, कहा, "स्वामीजी, भोजन
रुचि का हुआ न होगा। हम वैसा आयोजन
कहाँ कर सके।"
"अजी माल था। तुष्ट हूँ यहाँ।"

हँसी-हिलोरी से फिर तो वह काया मोटी
हिलने लगी तोंद में सिहरी संचित रोटी।

अज्ञेय

सच्चिदानन्द हीरानन्द वात्स्यायन 'अज्ञेय' का जन्म उत्तर प्रदेश के देवरिया जिले के कसिया गाँव के पुरातत्त्व विभाग के एक खुदाई शिविर में हुआ था। उन्होंने बी.एस-सी. के बाद एम.ए. किया। अपने विद्यार्थी-जीवन में ही ये क्रान्तिकारियों के सम्पर्क में आये और 'हिन्दुस्तान रिपब्लिकन पार्टी' के सदस्य बन गये। अंग्रेज सरकार विरोधी गतिविधियों के लिए इन्हें कई साल जेल में भी रहना पड़ा। सन् 1943 में वे एक कैप्टन के रूप में कोहिमा फ्रंट पर तैनात किये गये थे। स्वतन्त्रता के बाद कुछ समय तक इन्होंने भारत सरकार के रेडियो के समाचार विभाग में काम किया। तत्पश्चात इन्होंने कैलिफोर्निया विश्वविद्यालय में भारतीय संस्कृति का अध्यापन कार्य किया। इन्होंने 'विशाल भारत', 'दिनमान', 'नया प्रतीक', 'थाट' तथा 'नवभारत टाइम्स' का सम्पादन कार्य भी कुछ वर्षों तक किया। 'आँगन के पार द्वार' पर इन्हें साहित्य अकादेमी का तथा 'कितनी नावों में कितनी बार' पर इन्हें भारतीय ज्ञानपीठ का पुरस्कार मिला है। ये समर्थ कवि, कुशल उपन्यासकार, कहानी-लेखक तथा निबन्धकार हैं।

हिन्दी की छायावादोत्तर कविता के प्रमुख हस्ताक्षरों में से एक 'अज्ञेय' प्रयोगवाद तथा नयी कविता के प्रवर्तक हैं। इन्होंने क्रमशः 'तार सप्तक', 'दूसरा सप्तक', 'तीसरा सप्तक' तथा 'चौथा सप्तक' का सम्पादन किया।

'अज्ञेय' अभिजातवर्गीय साहित्यकार हैं। उनकी कविता में अकेलेपन का वैभव तथा रोमांटिक व्यक्तिवादी विद्रोह मिलता है। मूल रूप से ये प्रेम और प्रकृति के कवि हैं। क्षणवाद, भोगवाद तथा युग-जीवन की घटनाओं की प्रतिध्वनियाँ नये प्रतीकों और नये बिम्बों में ढलकर इनके काव्य को समृद्ध करती हैं।

'अज्ञेय' ने अपने प्रसिद्ध उपन्यास 'शेखर : एक जीवनी' में मनोविश्लेषण की सर्वथा नवीन शैली अपनाते हुए मानव-मस्तिष्क पर प्रत्येक क्षण पड़ने वाले असंख्य संस्कारों और उनसे उत्पन्न होने वाली विचार-तरंगों को निरूपित किया है। बाह्य दृष्टि से अत्यन्त सामान्य दिखने वाली बातें भी जल में फेंकी कंकड़ी के समान मन में विचार-लहरियाँ उठा देती हैं जिनका व्यक्तित्व पर गहरा प्रभाव पड़ता है, इस मनोवैज्ञानिक तथ्य को शेखर : एक जीवनी से भली प्रकार समझा जा सकता है।

मुख्य रचनाएँ :

कविता : इत्यलम्, बावरा अहेरी, हरी घास पर क्षण भर, आँगन के पार द्वार।

उपन्यास : शेखर : एक जीवनी, नदी के द्वीप।

निबन्ध : आत्मनेपद।

यात्रा-वर्णन : सहसा एक बूँद उछली।

नदी के द्वीप

•

अज्ञेय

हम नदी के द्वीप हैं।
हम नहीं कहते कि हमको छोड़कर स्रोतस्विनी बह जाये।
वह हमें आकार देती है।
हमारे कोण, गलियाँ, अन्तरीप, उभार, सैकत-कूल
सब गोलाइयाँ उसकी गढ़ी हैं।

माँ है वह! है, इसी से हम बने हैं।
किन्तु हम हैं द्वीप।
हम धारा नहीं हैं।
स्थिर समर्पण है हमारा। हम सदा से द्वीप हैं स्रोतस्विनी के।
किंतु हम बहते नहीं हैं। क्योंकि बहना रेत होना है।
हम बहेंगे तो रहेंगे ही नहीं।
पैर उखड़ेंगे। प्लवन होगा। ढहेंगे। सहेंगे। बह जायेंगे।

और फिर हम चूर्ण होकर भी कभी क्या धार बन सकते?
रेत बनकर हम सलिल को तनिक गँदला ही करेंगे।
अनुपयोगी ही बनायेंगे।

द्वीप हैं हम!
यह नहीं है शाप।
यह अपनी नियति है।
हम नदी के पुत्र हैं। बैठे नदी की क्रोड में।

वह बृहत् भूखण्ड से हम को मिलाती है।
और वह भूखण्ड अपना पितर है।
नदी, तुम बहती चलो।
भूखण्ड से जो दाय हमको मिला है, मिलता रहा है,
माँजती, संस्कार देती चलो :
यदि ऐसा कभी हो

तुम्हारे आह्लाद से या दूसरों के किसी स्वैराचार से–
अतिचार से–
तुम बढ़ो, प्लावन तुम्हारा घरघराता उठे
यह स्रोतस्विनी ही कर्मनाशा कीर्तिनाशा घोर काल-प्रवाहिनी बन जाये
तो हमें स्वीकार है वह भी। उसी में रेत होकर।
फिर छनेंगे हम। जमेंगे हम। कहीं फिर पैर टेकेंगे।
कहीं फिर भी खड़ा होगा नए व्यक्तित्व का आकार।
मातः, उसे फिर संस्कार तुम देना।

मुक्तिबोध

मुक्तिबोध का जन्म 13 नवम्बर, 1917 को श्योपुर, ग्वालियर में हुआ था और निधन 11 सितम्बर, 1964 को दिल्ली में हुआ। वैदिक अध्ययन और परम्परा वाले महाराष्ट्रीय परिवार में जन्मे मुक्तिबोध की गृहभाषा मराठी थी; लेकिन अपनी सृजनात्मक अभिव्यक्ति के लिए उन्होंने हिन्दी को चुना। शिक्षा अर्जित करने के उद्देश्य से वे उज्जैन, इन्दौर और नागपुर में रहे। नागपुर विश्वविद्यालय से उन्होंने एम.ए. किया।

मुक्तिबोध अपनी केवल दो प्रकाशित पुस्तकें ही देख सके—'नयी कविता का आत्मसंघर्ष और अन्य निबन्ध' तथा 'कामायनी : एक पुनर्विचार'। उनकी मृत्यु के बाद ही उनकी अन्य रचनाओं के प्रकाशन का सिलसिला चला। मृत्यु पूर्व छपी दो समीक्षात्मक पुस्तकों के अलावा उनकी अन्य प्रकाशित रचनाएँ इस प्रकार हैं : कविता—'चाँद का मुँह टेढ़ा है', 'भूरी-भूरी खाक धूल'; आलोचना—'एक साहित्यिक की डायरी', 'नये साहित्य का सौन्दर्यशास्त्र'; कहानी—'काठ का सपना', 'सतह से उठता आदमी'; उपन्यास—'विपात्र'। कवि के रूप में अज्ञेय द्वारा सम्पादित 'तार सप्तक' के माध्यम से मुक्तिबोध को महत्त्वपूर्ण दर्जा मिला। 'चाँद का मुँह टेढ़ा है' कविता-संग्रह में संकलित उनकी 'अँधेरे में' कविता जन-इतिहास का ऐतिहासिक दस्तावेज़ कहलायी।

दिमागी गुहान्धकार का ओरोंटाँग

•

मुक्तिबोध

स्वप्न के भीतर स्वप्न,
विचारधारा के भीतर और
एक अन्य
सघन विचारधारा प्रच्छन!!
कथ्य के भीतर एक अनुरोधी
विरुद्ध विपरीत,
नेपथ्य संगीत!!
मस्तिष्क के भीतर एक मस्तिष्क
उसके भी अन्दर एक और कक्ष
कक्ष के भीतर
        एक गुप्त प्रकोष्ठ और
कोठे के साँवले गुहान्धकार में
मजबूत...सन्दूक
दृढ़, भारी-भरकम
और उस सन्दूक भीतर कोई बन्द है
यक्ष
या कि ओराँगउटाँग, हाय!
अरे! डर यह है...
न ओराँग...उटाँग कहीं छूट जाय,
कहीं प्रत्यक्ष न यक्ष हो।
करीने से सजे हुए संस्कृत...प्रभामय

अध्ययन-गृह में
बहस उठ खड़ी जब होती है–
विवाद में हिस्सा लेता हुआ मैं
सुनता हूँ ध्यान से
अपने ही शब्दों का नाद, प्रवाह और
पाता हूँ अक्समात्स्व
यं के स्वर में
ओराँगउटाँग की बौखलाती हुंकृति ध्वनियाँ
एकाएक भयभीत
पाता हूँ पसीने से सिंचित
अपना यह नग्न मन!
हाय-हाय और न जान ले
कि नग्न और विद्रूप
असत्य शक्ति का प्रतिरूप
प्राकृत औराँग...उटाँग यह
मुझमें छिपा हुआ है।

स्वयं की ग्रीवा पर
फेरता हूँ हाथ कि
करता हूँ महसूस
एकाएक गरदन पर उगी हुई
सघन अयाल और
शब्दों पर उगे हुए बाल तथा
वाक्यों में ओराँग...उटाँग के
          बढ़े हुए नाखून!!

दीखती है सहसा
अपनी ही गुच्छेदार मूँछ
जो कि बनती है कविता
अपने ही बड़े-बड़े दाँत
          जो कि बनते है तर्क और

दीखता है प्रत्यक्ष
बौना यह भाल और
झुका हुआ माथा
जाता हूँ चौंक मैं निज से
अपनी ही बालदार सज से
कपाल की धज से।
और, मैं विद्रूप वेदना से ग्रस्त हो
करता हूँ धड़ से बन्द
वह सन्दूक
करता हूँ महसूस
हाथ में पिस्तौल बन्दूक!!
अगर कहीं पेटी वह खुल जाये,
ओराँगउटाँग यदि उसमें से उठ पड़े,
धाँय धाँय गोली दागी जायेगी।
रक्ताल...फैला हुआ सब ओर
ओराँगउटाँग का लाल-लाल
खून, तत्काल...
ताला लगा देता हूँ मैं पेटी का
बन्द है सन्दूक !!
अब इस प्रकोष्ठ के बाहस आ
अनेक कमरों को पार करता हुआ
संस्कृत प्रभामय अध्ययन-गृह में
अदृश्य रूप से प्रवेश कर
चली हुई बहस में भाग ले रहा हूँ !!
सोचता हूँ—विवाद में ग्रस्त कई लोग
कई तल
सत्य के बहाने
स्वयं को चाहते है प्रस्थापित करना।
अहं को, तथ्य के बहाने।
मेरी जीभ एकाएक ताल से चिपकती
अक्ल क्षारयुक्त-सी होती है...

और मेरी आँखें उन बहस करने वालों के
कपड़ों में छिपी हुई
सघन रहस्यमय लम्बी पूँछ देखती!!
और मैं सोचता हूँ...
कैसे सत्य हैं–
ढाँक रखना चाहते हैं बड़े-बड़े
नाखून!!
किसके लिए हैं वे बाघनख!!
कौन अभागा वह!!

सर्वेश्वरदयाल सक्सेना

सर्वेश्वरदयाल सक्सेना हिन्दी साहित्य में बहुमुखी प्रतिभासम्पन्न साहित्यकार रहे हैं। अज्ञेय द्वारा सम्पादित तीसरे तार सप्तक के कवि और गद्य लेखक के रूप में इन्होंने अपनी पहचान बनायी। सर्वेश्वरदयाल सक्सेना का जन्म 15 सितम्बर 1927 को बस्ती (उ.प्र.) में हुआ। इन्होंने एम.ए. तक शिक्षा प्राप्त की, इसके पश्चात् ये साहित्य-सृजन के क्षेत्र में संलग्न हो गये। इन्होंने अनेक पत्र-पत्रिकाओं को भी सम्पादित किया। बालोपयोगी मासिक पत्रिका 'पराग' उसमें अत्यन्त महत्त्वपूर्ण है। 24 सितम्बर 1983 को इनका देहावसान हो गया।

सर्वेश्वर ने साहित्य की सभी प्रमुख विधाओं कविता, कहानी, उपन्यास, नाटक, लेख एवं निबन्ध के साथ बाल साहित्य पर अपनी लेखनी चलायी है।

रचनाएँ : सर्वेश्वरदयाल सक्सेना की प्रमुख काव्यकृतियों के अन्तर्गत काठ की घण्टियाँ, बाँस का पुल, एक सूनी नाव, गर्म हवाएँ, कुआनो नदी, जंगल का दर्द तथा खूँटियों पर टँगे लोग, कोई मेरे साथ चले आदि हैं।

कहानी संग्रह : कच्ची सड़क, अँधेरे पर अँधेरा, लड़ाई।

उपन्यास : सूने चौखटे, सोया हुआ जल, पागल कुत्तों का मसीहा।

नाटक : बकरी, अब गरीबी हटाओ, कल फिर भात आयेगा, राजा बाज बहादुर और रानी रूपमती।

बाल रचनाएँ : लाख की नाक, भौं-भौं, खों-खों, बतूता का जूता आदि उल्लेखनीय कृतियाँ हैं।

पुरस्कार : 'खूँटियों पर टँगे लोग' काव्य संग्रह पर इनको साहित्य अकादेमी पुरस्कार द्वारा सम्मानित किया गया।

अपना चेहरा

•

सर्वेश्वरदयाल सक्सेना

अपना चेहरा अपने दर्पण में देखना
अपना चेहरा दूसरे के दर्पण में देखना
अपना चेहरा दूसरे की आँखों में देखना
अपना चेहरा अलग-अलग पाना है।

वह एक दिन मेरी सीढ़ियों पर खड़ी थी
पीली, थकी, बीमार, कुछ हाँफती
आत्मीय मुस्कान लिये।
मैंने सोचा—
मैं उसी चमकदार, तरल, सुन्दर आँखों में
मैंने झाँका—
वहाँ तमाम चेहरे थे :
दुखी चेहरे, उदास चेहरे, गुस्से और
क्षोभ से भरे चेहरे, फीके, निस्तेज,
धूल खाये चेहरे।
मुझे लगा मैं किसी की आँखों में नहीं
गाँव के किसी ताल में
झाँक रहा हूँ
जिस के तट की मेड़ पर
किसी प्लेग से भाग कर आये
असहाय लोग खड़े हैं।

चेहरों की उस भीड़ में
मेरा चेहरा खो गया है।

मुझे पहली बार लगा
कुछ आँखे ऐसी होती हैं
जिन से अपने को देखने की कोशिश करना
अपने से नफरत करने की शुरुआत होती है।

क्या मैं अपने चेहरे से नफरत करके
उन तमाम चेहरों को प्यार
कर सकता हूँ
जिनका अक्स उसकी आँखों में थिर है?
यह जानने के लिए मैंने
अपना दर्पण उठाया
और पहली बार मैंने उसमें
अपना चेहरा नहीं पाया।
मेरे सामने कोई चारा नहीं था
सिवा इसके कि मैं फिर
उसकी आँखों में झाँकूँ,
और इस बार
अपना चेहरा देखने की इच्छा से मुक्त होकर–
उन चमकदार, सुन्दर, तरल आँखों में
जो भविष्य की है।

धूमिल

धूमिल का जन्म सन् 1936 में वाराणसी के पास खेवली गाँव में हुआ था। उनका मूल नाम सुदामा पाण्डेय था। धूमिल नाम से वे जीवन-भर कविताएँ लिखते रहे। सन् 1958 में आईटीआई, वाराणसी से विद्युत डिप्लोमा लेकर वे वहीं विद्युत अनुदेशक बन गये। 38 वर्ष की अल्पायु में ही सन् 1975 में ब्रेन ट्यूमर से उनकी मृत्यु हो गयी।

सन् 1960 के बाद की हिन्दी कविता में जिस मोह-भंग की शुरुआत हुई थी, धूमिल उसकी अभिव्यक्ति करने वाले अत्यन्त प्रभावशाली कवि हैं। धूमिल अकविता आन्दोलन के प्रमुख कवियों में एक हैं। उनकी कविता नयी कविता के दौर की काव्य-भाषा की रूमानियत, अतिशय कल्पनाशीलता और जटिल बिम्बधर्मिता से मुक्त है। उनकी भाषा काव्य-सत्य को जीवन-सत्य के अधिकाधिक निकट लाती है।

धूमिल के तीन काव्य संग्रह—'संसद से सड़क तक', 'कल सुनना मुझे', और 'सुदामा पांडे का प्रजातन्त्र' प्रकाशित हैं। सन् 1979 में मरणोपरान्त उन्हें 'कल सुनना मुझे' काव्य संग्रह के लिए साहित्य अकादेमी पुरस्कार से सम्मानित किया गया। धूमिल की लोकप्रिय कविताएँ हैं—मोचीराम, बीस साल बाद, रोटी और संसद, लोहे का स्वाद आदि।

बीस साल बाद

•

धूमिल

बीस साल बाद
मेरे चेहरे में
वे आँखें वापस लौट आयी हैं
जिनसे मैंने पहली बार जंगल देखा है
हरे रंग का एक ठोस सैलाब जिसमें सभी पेड़ डूब गये हैं।
और जहाँ हर चेतावनी
खतरे को टालने के बाद
एक हरी आँख बनकर रह गयी है।
बीस साल बाद
मैं अपने-आपसे एक सवाल करता हूँ
जानवर बनने के लिए कितने सब्र की जरूरत होती है?
और बिना किसी उत्तर के चुपचाप
आगे बढ़ जाता हूँ
क्योंकि आजकल मौसम का मिजाज यूँ है
कि खून में उड़ने वाली पत्तियों का पीछा करना
लगभग बेमानी है।
दुपहर हो चुकी है
हर तरफ ताले लटक रहे हैं
दीवारों से चिपके गोली के छर्रों
और सड़कों पर बिखरे जूतों की भाषा में
एक दुर्घटना लिखी गयी है
हवा से फड़फड़ाते हिन्दुस्तान के नक्शे पर

गाय ने गोबर कर दिया है।
मगर यह वक़्त घबराये हुए लोगों की शर्म
आँकने का नहीं
और न यह पूछने का
कि सन्त और सिपाही में
देश का सबसे बड़ा दुर्भाग्य कौन है!
आह! वापस लौटकर
छूटे हुए जूतों में पैर डालने का वक़्त यह नहीं है
बीस साल बाद और इस शरीर में
सुनसान गलियों से चोरों की तरह गुजरते हुए
अपने-आपसे सवाल करता हूँ
क्या आजादी सिर्फ तीन थके हुए रंगों का नाम है
जिन्हें एक पहिया ढोता है
या इसका कोई खास मतलब होता है?
और बिना किसी उत्तर के आगे बढ़ जाता हूँ
चुपचाप।

ज्ञानेन्द्रपति

जन्म : झारखण्ड के एक गाँव पथरगामा में।

रचनाएँ : आँख हाथ बनाते हुए (1970), शब्द लिखने के लिए ही यह कागज बना है (1980), गंगातट (2000) आदि कविता संग्रह।

काव्य-नाटक : एकचक्रानगरी।

नदी और साबुन

•

ज्ञानेन्द्रपति

1

नदी!
तू इतनी दुबली क्यों है
और मैली-कुचैली
मरी हुई इच्छाओं की तरह मछलियाँ क्यों उतराई हैं
तुम्हारे दुर्दिनों के दुर्जल में

किसने तुम्हारा नीर हरा
कलकल में कलुष भरा
बाघों के जुठारने से तो
कभी दूषित नहीं हुआ तुम्हारा जल
न कछुओं की दृढ़ पीठों से उलीचा जाकर भी कम हुआ
हाथियों की जल-क्रीड़ाओं को भी तुम सहती रहीं सानन्द

आह! लेकिन
स्वार्थी कारखानों का तेजाबी पेशाब झेलते
बैंगनी हो गयी तुम्हारी शुभ्र त्वचा
हिमालय के होते भी तुम्हारे सिरहाने
हथेली-भर की एक साबुन की टिकिया से
हार गयीं तुम युद्ध

2

वह एक साबुन है
साबुन की एक साबुत बट्टी
रैपर से खुलकर
प्रस्तुत पड़ी
जल-डूबी घाट-सीढ़ी से ऊपर
सूखी घाट-सीढ़ी पर
एक नीली साबुन-बट्टी
वह एक बहुराष्ट्रीय कम्पनी का
बहुप्रचारित साबुन है
माया है कि तरहथ-भर की उसकी चौकोर निश्छाय काया की
बहुत लम्बी छाया है
विज्ञापन-फिल्मों में महाशक्तिशाली पुकारा जाने वाला
सुपरमैन भुजमछलियों वाला
मैलासुर के लिए कराल कार्तिकेय स्वरूप
सांगीतिक से अधिक सांघातिक एक धमाके के साथ
स्क्रीनागमन का अभ्यस्त!

उसके दिव्य रूप को देख-देख
थकी नागरिक आँखों को
गंगा धो देती है
दरस से ही

लेकिन जब
गंगातीर
आ ही खड़ा हुआ है वह महावीर
दुर्दान्त कणों और कीटाणुओं को
झाग-बल से फूः कर
कपड़ों को उज्जर करने का दावेदार—
गंगा का जी कँपता है

इस बदहाली में भी उसके जल में
पलती है मछलियाँ
और उन मछलियों पर पलते हैं कछुए
जिनके बीच सख्तखोल घोंघे
कवचधारी घोंघे
तागों-सी पतली सफेद संवेदिकाएँ चलाते रहते हैं
और उनकी निश्चलता से बगैर टकराये
जल-सतह पर क्षिप्र घूमती रहती है एक भौंरी
बरसात के उद्दाम दिनों में
जब उनका मिथुनकाल होता है
तब दुहरी, वह एक भौंरी
अपने ऊपर नर को लादे
अपने चंचल परिभ्रमण में
रह-रह क्षणांश को रुकती

ओह! उनके लिए
गंगा का जी कँपता है
अपने जलजीवों के लिए
और अपने उन थलजीवों के लिए भी
जिनके कण्ठ की प्यास बुझाने से भी आगे बढ़कर
भीतर की कोई गहरी प्यास तिरपती रही है गंगा
और कल की उसकी अमरित-बूँद आज
चंगे को बीमार करने वाली
और बीमार के लिए तो
सचमुच मोक्षदा साबित होने वाली अकाल ही

पहाड़ की बेटी वह एक
दुखियारी महतारी है गंगा
उसका जी कँपता है डर से
उसकी प्रतिद्वन्द्वी हथेली-भर की वह जो साबुन की टिकिया है

इजारेदार पूँजीवाद की बिटिया है
उसका महाबली झाग उठने से पहले
गंगा के दिल में हौल उठता है
भयातंक की एक लहर
गंगालहरी में मिल जाती
एक झुरझुरी
एक अजीब ही वेदन-संवेदन
जिसका मापक यन्त्र बन
कवि-वक्ष
एक सर्द आह का घर होता है उस पल।

ओमप्रकाश वाल्मीकि

ओमप्रकाश वाल्मीकि का जन्म 30 जून, 1950, बरला, जिला—मुजफ्फरनगर, उत्तर प्रदेश में हुआ था। एम.ए. हिन्दी साहित्य में किया।

प्रकाशित कृतियाँ : 'सदियों का सन्ताप', 'बस्स! बहुत हो चुका', 'अब और नहीं' (कविता-संग्रह); 'जूठन' (आत्मकथा) अंग्रेजी, जर्मन, स्वीडिश, पंजाबी, तमिल, मलयालम, कन्नड़, तेलुगू में अनूदित एवं प्रकाशित; 'घुसपैठिए' (कहानी-संग्रह); 'दलित साहित्य का सौन्दर्यशास्त्र', 'मुख्यधारा और दलित साहित्य', 'सफाई देवता', 'दलित साहित्य : अनुभव, संघर्ष और यथार्थ' (सामाजिक अध्ययन); 'Amma and other Stories;' 'चयनित कविताएँ'।

अनुवाद : 'सायरन का शहर' (अरुण काले) कविता-संग्रह का मराठी से हिन्दी में अनुवाद, 'मैं हिन्दू क्यों नहीं' (कांचा एलैया) की अंग्रेजी पुस्तक का हिन्दी में अनुवाद, लोकनाथ यशवन्त की अनेक मराठी कविताओं का हिन्दी में अनुवाद।

अन्य : लगभग 60 नाटकों में अभिनय एवं निर्देशन; विभिन्न नाट्य दलों द्वारा 'दो चेहरे' का मंचन; 'जूठन' के नाट्य-रूपान्तरण का अनेक नगरों में मंचन; अनेक राष्ट्रीय सेमिनारों में हिस्सेदारी; रानी दुर्गावती विश्वविद्यालय, जबलपुर, अलीगढ़ मुस्लिम विश्वविद्यालय, अलीगढ़ में पुनश्चर्या पाठ्यक्रम में अनेक व्याख्यान; अनेक विश्वविद्यालयों, पाठ्यक्रमों में रचनाएँ शामिल; प्रथम हिन्दी दलित साहित्य सम्मेलन, 1993, नागपुर के अध्यक्ष; 28 वें अस्मितादर्श साहित्य सम्मेलन, 2008, चन्द्रपुर, महाराष्ट्र के अध्यक्ष; भारतीय उच्च अध्ययन संस्थान, राष्ट्रपति निवास, शिमला सोसाइटी के सदस्य रहे।

चक्रवात

•

ओमप्रकाश वाल्मीकि

जहाँ खड़े हो
वहीं खड़े रहो
सीधे तनकर
या जिस काम में लगे हो
उसे पूरा कर लेने के बाद
बचा कर रखो
कुछ पल
तन कर सीधा खड़े रहने के लिए

खींचो एक लम्बी साँस
और फिर छोड़ो उतनी ही
करो महसूस
वर्तमान की तमाम तल्ख़ियों को
और अतीत के उन दिनों को
जो बाप-दादों के अनुभवों के
आज भी ज़िन्दा हैं
सिसकियाँ और घुटन बन कर
जिन्हें महसूस करने से भी
तुम कतराते हो

एक बेचैनी है
तुम्हारी साँसों में

जिसे चाहकर भी
तुम छिपा नहीं पाते हो

तुम्हारे पीछे दौड़ रहा है
अतीत का भयानक चक्रवात
जो कभी भी मिटा देगा
वर्तमान के उजाले को
एक धर्मान्ध आक्रमणकारी की तरह

जिसके पास ख़तरनाक विस्फोटक हैं
साथ ही कुछ आकर्षक शब्द भी
जो और भी ज़्यादा मारक है
तुम घिर चुके हो
पूरी तरह
इस चक्रवात में

क्रूर हमलावर ताक में है
तुम्हें पालतू बनाकर
दरवाज़े पर बाँधने के लिए

इसलिए
सीधे तनकर खड़े हो जाओ
और खींचे एक लम्बी साँस
पहचानो विषैली गन्ध को
जिसने कभी जीने नहीं दिया
तुम्हार पुरखों को
एक इन्सान की तरह
जो तुम्हें फिर से
खींच रही है
अपनी ओर
बर्बरता के साथ।

अनामिका

अनामिका निबन्ध लिखती हैं, अख़बारों और पत्रिकाओं में स्तम्भ लिखती हैं, कहानियाँ और उपन्यास रचती हैं, कविताओं और उपन्यासों का अनुवाद-सम्पादन करती हैं, और अंग्रेज़ी साहित्य का अध्यापन करती हैं। एक पब्लिक इंटेलेक्चुअल के रूप में व्याख्यान देने से लेकर स्त्रीवादी पब्लिक स्फ़ियर में सक्रिय रहने तक वे और भी बहुत कुछ करती हैं। पर, सबसे पहले और सबसे बाद में, वे एक कवि हैं।

1961 के उत्तरार्द्ध में मुज़फ़्फ़रपुर, बिहार में जन्मी और अंग्रेज़ी साहित्य से पीएच.डी. अनामिका राजभाषा परिषद् पुरस्कार (1987), गिरिजाकुमार माथुर सम्मान (1993), भारतभूषण अग्रवाल पुरस्कार (1995), साहित्यकार सम्मान (1997), परम्परा सम्मान (2001) और साहित्य सेतु सम्मान (2004), केदार सम्मान (2008), शमशेर सम्मान (2014), मुक्तिबोध सम्मान (2015), वाणी फ़ाउंडेशन डिस्टिंग्विश्ड ट्रांसलेटर अवार्ड (2017)। वैली ऑफ़ वर्ड्ज़ अवार्ड (2020), साहित्य अकादेमी पुरस्कार (2021), कन्हैयालाल सेठिया अवार्ड (2021) से विभूषित हो चुकी हैं।

प्रकाशित कृतियाँ :

आलोचना : पोस्ट एलिएट पोएट्री : अ वॉएज फ्रॉम कंफ्लिक्ट टु आइसोलेशन, डन क्रिटिसिज़्म डाउन द एजेज़, फ़ेमिनिस्ट पोएटिक्स : वेयर किंगफ़िशर्ज़ कैच फायर, प्रोटो-फ़ेमिनिस्ट हिन्दी-उर्दू वर्ल्ड, ट्रीटमेंट ऑव लव ऐंड डेथ इन पोस्ट वार अमेरिकन विमेन पोएट्स, ट्रांसलेटिंग रेशियल मेमरी।

विमर्श : स्त्रीत्व का मानचित्र, मन माँजने की ज़रूरत, पानी जो पत्थर पीता है, स्त्री-विमर्श का लोकपक्ष, त्रियाचरित्रं : उत्तरकाण्ड, स्वाधीनता का स्त्री-पक्ष।

कविता : ग़लत पते की चिट्ठी, बीजाक्षर, समय के शहर में, अनुष्टुप्, कविता में औरत, खुरदरी हथेलियाँ, दूब-धान, थेरी गाथा : टोकरी में दिगन्त, पानी को सब याद था, वर्किंग विमेंस हॉस्टल और अन्य कविताएँ।

कहानी : प्रतिनायक।

संस्मरण : एक ठो शहर था, एक थे शेक्सपियर, एक थे चार्ल्स डिकेंस।

उपन्यास : अवान्तर कथा, दस द्वारे का पींजरा, तिनका तिनके पास, आईका साज़।

अनुवाद : नागमंडल (गिरीश कार्नाड), रिल्के की कविताएँ, एफ्रो-इंग्लिश पोएम्स, अटलांत के आर-पार (समकालीन अंग्रेज़ी कविता), कहती हैं औरतें (विश्व साहित्य की स्त्रीवादी कविताएँ), भाषिक पुनर्वास।

चुड़ैल

•

अनामिका

"क्योंकर हुआ करते हैं उलटे पाँव चुड़ैलों के?
क्योंकर चुड़ैल बन जाती हैं
जच्चा-घर में टन्न बोल गयीं औरतें?"
डरते-डरते नानी से मैंने पूछा था!
नानी थी फूलों की टोकरी!
जब भी हम घबराते—
इसमें ही ढूही लगाते।
ज्यादातर प्रश्नों के उत्तर थे उसी टोकरी में
लेकिन जिन प्रश्नों के उत्तर नहीं थे,
यह प्रश्न उनमें ही होगा?
क्योंकि उसने प्रश्न सुनते ही
नाक की नोक से चश्मा उठाया,
अपनी कमर सीधी की
और सुतरी खींच की
मुँह के बटुए की!

जिन्दगी ऐसी कटी
मुझे रह-रहकर आती रहे याद नानी
और कभी छट्ठी का दूध भी
अनुत्तरित प्रश्नों की पोटली

तकिये के नीचे धरे
एक दिन मैं भी मरी,
और मरी भी कहाँ?
जच्चा घर में ही!
एक साथ ही मिल गये मुझको
मेरे उलटे प्रश्नों के उत्तर
जब उलटे पाँव लौट आयी मैं दुनिया में!
लौटना जरूरी था
और जरूरी था देखना–
मेरी वह दुधमुँही सलामत तो है न!
दीये पर ठीक से पड़ा है कि नहीं पड़ा
उसका कजरौटा!
हाँ, उलटे हैं मेरे पाँव,
पर दुनिया में मुझको कोई भी औरत दिखा दो
जो उलटे पाँव नहीं चलती,
व्यतीत में जिसके
गड़ा नहीं कोई खूँटा!
भागती नहीं औरतें–
लौट आती हैं उलटे पाँव,
अमराई के खाली झूले और पालने
लू के थपेड़ों से नहीं झूलते,
ये ही झुलाती है उन्हें–
हर बार ही
उलटे पाँव लौटकर!

राजेश जोशी

राजेश जोशी का जन्म 18 जुलाई, 1946 को नरसिंहगढ़ (मध्यप्रदेश) में हुआ।

किस्सा कोताह (उपन्यास), समरगाथा (एक लम्बी कविता) के साथ ही पाँच कविता संग्रह—एक दिल बोलेंगे पेड़, मिट्टी का चेहरा, नेपथ्य में हँसी, दो पंक्तियों के बीच और चाँद की वर्तनी, धूप घड़ी (एक दिन बोलेंगे पेड़ और मिट्टी का चेहरा का संयुक्त संस्करण)।

गेंद निराली मीठू की (बच्चों के लिए कविताएँ), ब्रह्मराक्षस का नाई (बच्चों के लिए नाटक), सोमवार और अन्य कहानियाँ तथा कपिल का पेड़ (कहानी संग्रह)।

जादू जंगल, अच्छे आदमी, तुम सआदत हसन मंटो हो, पासे, सपना मेरा यही सखी, हमें जवाब चाहिए (नाटक); एक कवि की नोटबुक तथा एक कवि की दूसरी नोटबुक : समकालीनता और साहित्य (आलोचनात्मक टिप्पणियों का संग्रह)।

पतलून पहिना बादल (मायकोव्स्की की कविताओं का अनुवाद); भूमि का कल्पतरु यह (भर्तृहरि की कविताओं की अनुरचना); कविताओं का अनेक भारतीय तथा विदेशी भाषाओं में अनुवाद।

'इसलिए' पत्रिका का कुछ वर्ष तक प्रकाशन एवं सम्पादन। 'नया पथ' के निराला शताब्दी अंक के साथ ही पाँच अंक तथा 'वर्तमान साहित्य' के कविता विशेषांक का सम्पादन। त्रिलोचन के कविता संग्रह 'ताप के ताए हुए दिन'। 'नागार्जुन संचयन', शरद बिल्लौरे का कविता संग्रह 'तय तो यही हुआ था' तथा नाटक 'अमरू का कुर्ता' का सम्पादन।

साहित्य अकादेमी सम्मान 2002, श्रीकान्त वर्मा स्मृति सम्मान, पहल सम्मान, शमशेर सम्मान, मुक्तिबोध सम्मान, माखनलाल चतुर्वेदी पुरस्कार तथा शिखर सम्मान।

आजकल स्वतन्त्र लेखन।

रोशनी

•

राजेश जोशी

मेरी साँसों और सपनों से कभी अलग नहीं हुए
बचपन में उँगलियों पर लगे स्याही के दाग और उसकी खुशबू

कई दिन हुए मेहरुन्निसा परवेज़ ने सुनाया था एक किस्सा
कि बचपन में जब वह रोटियाँ सेंकना सीख रही थीं
उनकी उँगलियाँ गरम तवे पर चिपक गयीं
उनकी माँ ने दवात खोलकर तत्काल
जली हुई उँगलियों पर मल दी थी स्याही
उस दिन से उनके सपनों और साँसों का
स्याही की खुशबू और उसके रंग से एक ऐसा रिश्ता बना
जो कभी नहीं टूटा
और शायद इसीलिए एक दिन वह कहानियाँ लिखने लगीं

बचपन में अपनी उँगलियों पर लगी स्याही के दागों को
मैंने भी बार-बार छुटाने की कोशिश की
साबुन से कई-कई बार अपने हाथों को धोया
खुरदरे पत्थरों पर उँगलियों को घिसा
लेकिन हर बार कहीं न कहीं छूट ही जाता था
स्याही का कोई दाग
त्वचा और नाखून के बीच हमेशा रह जाती थी
स्याही की एक बारीकढ-सी लकीर

कभी-कभी रोटी का कौर तोड़ते वही स्याही रोटी पर लग जाती ही
और इस तरह वह मेरी आँत और आत्मा में उतर गयी
कितनी भी एहतियात बरतूँ कपड़ों पर लग ही जाते थे उसके
दाग स्याही के दागों से सजी बचपन की वे कढ़ कमीजें
सपनों की किसी अरगनी पर सूखती हुई
आज भी मेरी नींद में चली आती हैं

काली अँधेरी रात को निचोकर बनाया गया
उसे या धुएँ को गलाकर
नीले आसमान से चुराया गया
या समुद्र की अथाह गहराइयों से
मुझे नहीं मालूम
पर कहा जाता है
कि उसके और बुद्ध के जन्म की तारीखढ एक है

जिस दिन मनुय ने उससे अपना पहला शब्द लिखा
स्याही राशनाई में तब्दील हो गयी
और शब्द
कागज पर उजाले की तरह फैल गया!

राजेन्द्र कुमार

प्रमुख कृतियाँ :

'ऋण गुणा ऋण तथा कुछ अन्य कविताएँ', 'लोहा-लक्कड़' (कविता-संग्रह); 'आइना-द्रोह' (लम्बी-कविता); 'हर कोशिश है एक बग़ावत' (कविता-संग्रह); 'प्रतिबद्धता के बावजूद' (निबन्ध-संग्रह); 'शब्द-घड़ी में समय' (निबन्ध-संग्रह); 'यथार्थ और कथार्थ' (कथालाचन); 'कविता का समय-असमय (काव्यालोचना); 'इलाचंद्र जोशी' (साहित्य अकादेमी के लिए मोनोग्राफ़); 'साहित्य में सृजन के आयाम और विज्ञानवादी दृषि' (आलोचन) कुछ कविताओं का पंजाबी, बंगला, मराठी, तमिल और अंग्रज़ी में अनुवाद।

सम्पादन

'साही के बहाने समकालीन रचनाशीलता पर एक बहस', 'आलोचना का विवेक' (देवीशंकर अवस्थी पर एकाग्र); 'प्रेमचन्द की कहानियाँ : परिदृश्य और परिप्रेक्ष्य'; 'स्वाधीनता की अवधारणा और निराला'।

इलाहबाद से 'अभिप्राय' नामक पत्रिका का 1981 से सम्पादन। महात्मा गाँधी अन्तरराष्ट्रीय हिन्दी विश्वविद्यालय वर्धा की पत्रिका 'बहुवचन' का भी 2009-10 में सम्पादन।

नीम का यह पेड़

•

राजेन्द्र कुमार

वो देखो
इस पेड़ की डालियों पर बैठे पंछी
अपनी-अपनी बोलियों में
कैसी आजादी से चहचहा रहे हैं

मगर यह पेड़
कैसे भूल जाये
कि उसकी इन्हीं डालों पर
बरसों पहले
रस्सी के फन्दे डाले गये थे
और उनसे लटका कर
फाँसी दे दी गयी थी
आजादी के कितने ही दीवानों को

पेड़ झूठ नहीं बोलता
पेड़ आगे भी झूठ नहीं बोलेगा
उसकी हर पत्ती एक आँख होती है
और हजार-हजार आँखों से जो देखा जाये
उससे मुकरा नहीं जा सकता

आजादी और गुलामी के बीच छिड़ी जंग का
और, बर्बरता के खात्मे का दावा करने वाली दम्भी
सभ्यताओं का
इन पेड़ों से बेहतर गवाह, भला
दूसरा कौन हो सकता है?

संजय कुन्दन

जन्म : 7 दिसम्बर 1969, पटना (बिहार)

शिक्षा : आपको पटना विश्वविद्यालय से हिन्दी साहित्य में स्नातकोत्तर की उपाधि प्राप्त है।

प्रकाशन : आपके दो कविता संग्रह—'कागज के प्रदेश में', 'चुप्पी का शोर'; एक कहानी संग्रह—'बॉस की पार्टी' और एक उपन्यास—'टूटने के बाद' प्रकाशित हो चुके हैं।

पुरस्कार/सम्मान : भारत भूषण अग्रवाल पुरस्कार और हेमन्त स्मृति सम्मान।

सम्प्रति : वर्तमान में दैनिक 'नवभारत टाइम्स' दिल्ली में सहायक सम्पादक के पद पर कार्यरत हैं।

पैकेज

•

संजय कुन्दन

अब यह शब्द बार-बार सुनाई देता था
लोगों के मुँह से
अर्थव्यवस्था का सबसे चमकीला
और दुलारा शब्द था यह

सब पूछते थे एक-दूसरे से
तुम्हें कितना पैकेज मिल रहा है
पिता अपने बेटे के बारे में
और लड़कियाँ अपने होने वाले पति के बारे में
सगर्व बताया करती थीं
कि दस लाख का पैकेज है
अरे! पन्द्रह लाख का पैकेज मिला है

लेकिन पैकेज का प्रयोग एकमुश्त
सेवाओं के लिए ज़्यादा होता था
उपलब्ध थे एकमुश्त सेवाओं के कई पैकेज
तरह-तरह के यात्रा पैकेज
चले जाइए थाईलैंड, हांगकांग
मॉरीशस या स्विट्ज़रलैंड
जैसा पैकेज वैसी सुविधा

शादी में दुल्हन के शृंगार से लेकर
घोड़ी और बैंड एक पैकेज में
यहाँ तक कि श्मशान का पैकेज भी

घर पर शव को आख़िरी यात्रा के लिए
तैयार करने से लेकर
शवदान और अस्थि-विसर्जन तक का एक पैकेज

इससे ज़्यादा महँगे एक पैकेज में
तेरहवीं का इन्तज़ाम भी शामिल है

अनुराधा सिंह

हिन्दी की सुपरिचित कवयित्री, लेखिका और अनुवादक। ओबरा, उत्तर प्रदेश में जन्म। आगरा के दयालबाग शिक्षण संस्थान में सम्पूर्ण शिक्षा-दीक्षा।

भारतीय ज्ञानपीठ से 'ईश्वर नहीं नींद चाहिए' नामक कविता संग्रह प्रकाशित व चर्चित, 15वें शीला सिद्धान्तकर सम्मान व 19वें हेमन्त स्मृति सम्मान से पुरस्कृत।

स्वर्गीय मंगलेश डबराल पर समकालीन स्त्री कवियों द्वारा लिखे गये संस्मरणों की किताब 'बचा रहे स्पर्श' का सम्पादन।

अश्वेत और तिब्बती कविताओं के अतिरिक्त ख्यात साम्यवादी लेखक बेनेडिक्ट एंडरसन का हिन्दी अनुवाद उल्लेखनीय।

अन्तरराष्ट्रीय कविता संचयन टू लेट द लाइट इन के हिन्दी खण्ड का सम्पादन।

मुम्बई में काला घोड़ा कला महोत्सव, भारत भवन भोपाल में दिनमान समारोह, रज़ा फाउंडेशन के युवा 2017, रज़ा फाउंडेशन द्वारा ही दिल्ली व पटना में आयोजित आज कविता तथा युवा कविता समारोह, स्वर्गीय वीरेन डंगवाल की स्मृति में आयोजित वीरेनियत, टैगोर विश्वविद्यालय के लिटरेचर व आर्ट फेस्टिवल इत्यादि में कविता पाठ के लिए आमन्त्रित।

प्रमुख पत्रिकाओं के विशेषांकों में कविताएँ, अनुवाद, आलोचनात्मक निबन्ध व साक्षात्कार प्रकाशित।

सम्प्रति : मुम्बई में प्रबन्धन कक्षाओं में बिजनेस कम्युनिकेशन का अध्यापन।

पाताल से प्रार्थना

•

अनुराधा सिंह

सिरसा पटियाला और करनाल में
बच्चियाँ कुओं में गिर पड़ी हैं
हालाँकि उन्हें जन्म लेने में कुछ घण्टे दिन या महीने
शेष थे अभी

सबसे बड़ी की उम्र
दो घण्टे बारह मिनट है
दादी जन्म के दो घंटे बाद पहुँच पायी थी अस्पताल
इस बीच पी चुकी थी वह दूध एक बार
गीली कर चुकी थी कथरी दो बार
लग चुकी थी माँ की छाती से कई-कई बार
अब कुएँ-भर में सिर्फ वही पहने है
एकपाड़ घिसी चादर
चूँकि जन्म ले चुकी थी मरते वक्त
अब उसे ही है आवरण का अधिकार

सिरसा पटियाला और करनाल में
बच्चियाँ कुओं से बाहर आकर
जन्म लेना चाह रही हैं

शेष इच्छाएँ गौण है
सबसे पहले उन्हें बाकायदा पैदा किया जाये, ससम्मान

उनकी नालें जुड़ी हैं अब भी नाभि से
के उन्हें रस्सी बना कुएँ से बाहर आना चाह रही हैं
वे उन्हें आम की शाख पर डाल झूला पोगना चाह रही हैं
वे उन रस्सियों पर गिनती से कूदना चाह रही हैं

सिरसा पटियाला और करनाल में
कुछ बच्चियों के फेफड़े नहीं बने अभी
हवा और रोशनी की प्रार्थना गा रही हैं समवेत
जबकि उन्हें पता है
आसमानों का ईश्वर पाताल के बाशिन्दों को नहीं सुनता
कुछ के पाँव नहीं बने अभी, कुछ की उँगलियाँ
कुओं के बाहर आ पंक्तिबद्ध
अस्पतालों में जाना चाहती हैं
आँखें अक्सर बन्द हैं सबकी
नजर फिर भी देखना चाहती हैं सोनोग्राफी मशीनें
ऑपरेशन थिएटर, फोरसेप्स और नश्तर
छूना चाहती हैं ग्लिसरीन के इंजेक्शन,
सीसा, गला घोंटने वाली उँगलियाँ
करना चाहती हैं जरा ताज्जुब
कितना लाव-लश्कर खड़ा किया है रे।
एक बस हमारी आमद रोकने के लिए
इस दुनिया में

□□